Impressum
Verlag: BABADADA GmbH, Nedderfeld 112 , 22529 Hamburg
Geschäftsführer / Verlagsleitung: Harald Hof
Druck: Books on Demand GmbH, In de Tarpen 42, 22848 Norderstedt

Imprint
Publisher: BABADADA GmbH, Nedderfeld 112 , 22529 Hamburg, Germany
Managing Director / Publishing direction: Harald Hof
Print: Books on Demand GmbH, In de Tarpen 42, 22848 Norderstedt, Germany

Schule

школа

Klassenzimmer
учиона

dividieren
делити

186/2

Tafel
плоча

Schulhof
школско двориште

Lehrer
наставник

Papier
папир

schreiben
писати

Stift
хемијска оловка

Schreibtisch
писаћи стол

Lineal
лењир

Buch
књига

Schüler
ученик

Ranzen

торба

Federmappe

перница

Bleistift

графитна оловка

Bleistiftanspitzer

шиљило за оловке

Radiergummi

гумица за брисање

Zeichenblock

блок за цртање

Zeichnung

цртеж

Pinsel

кист

Malkasten

кутија са бојама

Schere

маказе

Klebstoff

лепило

Übungsheft

бележница

Hausaufgabe

домаћи задатак

12

Zahl

број

2+2

addieren

сабирати

5-2

subtrahieren

одузимати

2×2

multiplizieren

множити

rechnen

рачунати

A

Buchstabe

слово

ABCDEFG HIJKLMN OPQRSTU VWXYZ

Alphabet

абецеда

Wort

реч

Text
текст

lesen
читати

Kreide
креда

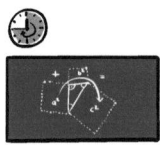

Stunde
час

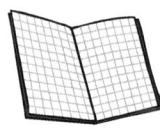

Klassenbuch
дневник

Prüfung
испит

Zeugnis
сведочанство

Schuluniform
школска униформа

Ausbildung
образовање

Lexikon
лексикон

Universität
универзитет

Mikroskop
микроскоп

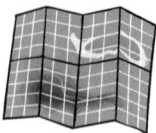

Karte
карта

Papierkorb
кошара за папир

Reise

путовање

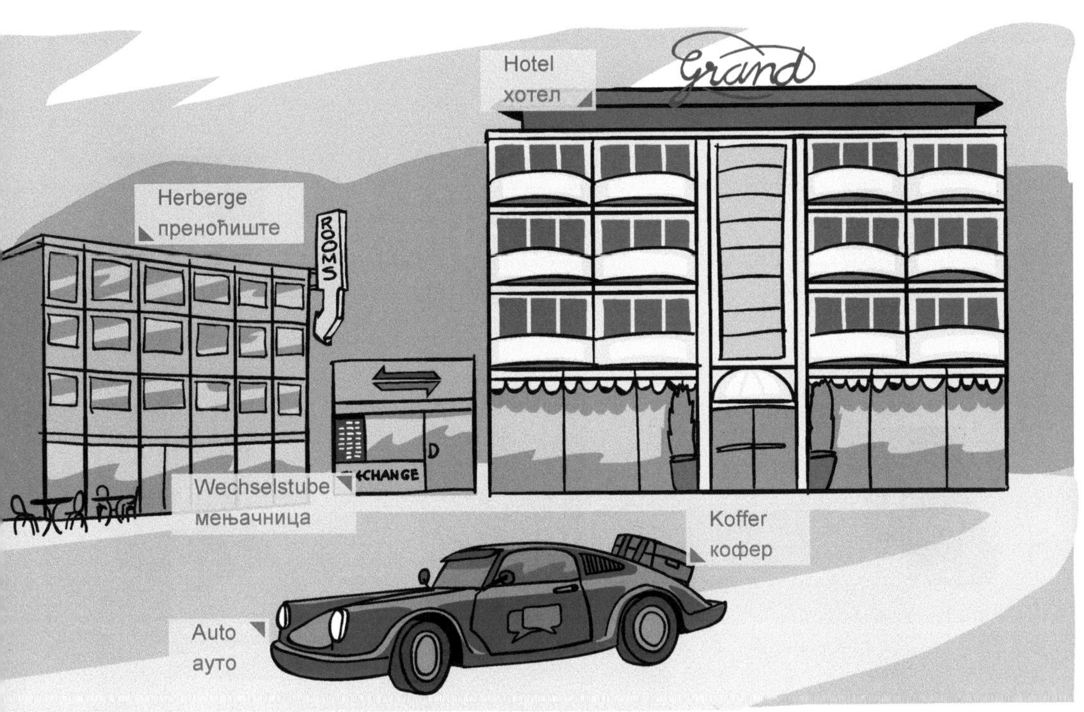
Hotel
хотел
Grand
Herberge
преноћиште
ROOMS
Wechselstube
мењачница
Koffer
кофер
Auto
ауто

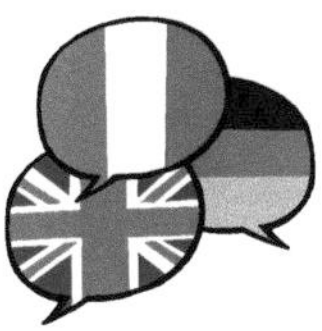

Sprache

језик

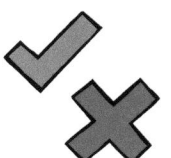

ja / nein

да / не

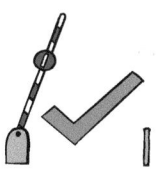

Okay

океј

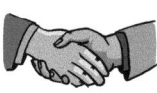

Hallo

здраво

Übersetzer

преводилац

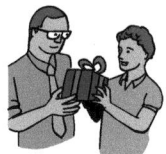

Danke

хвала

Was kostet...?

Колико кошта...?

Ich verstehe nicht

не разумем

Problem

проблем

Guten Abend!

добро вече!

Guten Morgen!

Добро јутро!

Gute Nacht!

Лаку ноћ!

Auf Wiedersehen

довиђења

Richtung

смер

Gepäck

пртљага

Tasche

торба

Rucksack

руксак

Gast

гост

Zimmer

соба

Schlafsack

врећа за спавање

Zelt

шатор

Touristeninformation

туристичке информације

Strand

плажа

Kreditkarte

кредитна картица

Frühstück

доручак

Mittagessen

ручак

Abendessen

вечера

Fahrkarte

карта за вожњу

Fahrstuhl

лифт

Briefmarke

поштанска маркица

Grenze

граница

Zoll

царина

Botschaft

амбасада

Visum

виза

Pass

пасош

Transport

транспорт

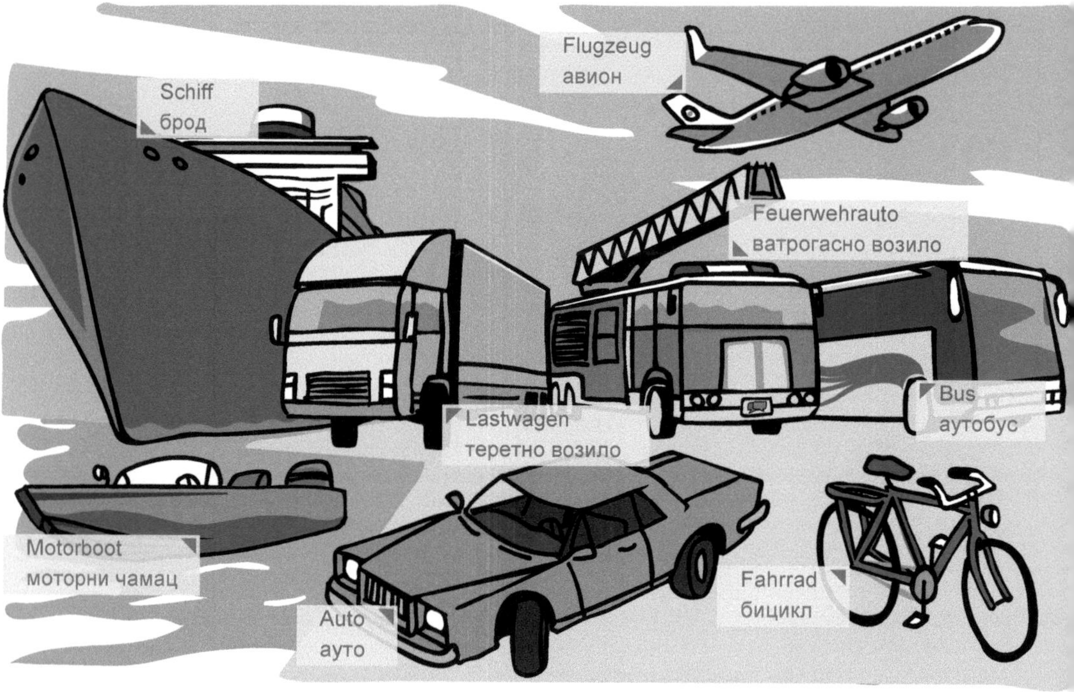
Flugzeug
авион
Schiff
брод
Feuerwehrauto
ватрогасно возило
Bus
аутобус
Lastwagen
теретно возило
Motorboot
моторни чамац
Fahrrad
бицикл
Auto
ауто

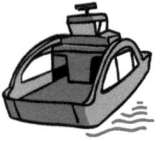

Fähre

трајект

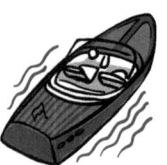

Boot

чамац

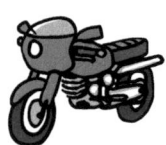

Motorrad

мотоцикл

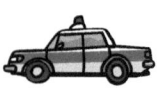

Polizeiauto

полицијски ауто

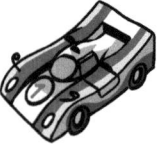

Rennauto

тркаћи ауто

Mietwagen

изнајмљено ауто

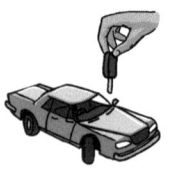

Carsharing

дељење аутомобила

Abschleppwagen

вучно возило

Müllauto

возило за одвоз смећа

Motor

мотор

Kraftstoff

бензин

Tankstelle

бензинска станица

Verkehrsschild

саобраћајни знак

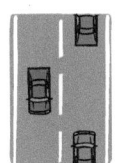

Verkehr

саобраћај

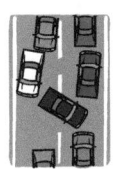

Stau

застој

Parkplatz

паркиралиште

Bahnhof

железничка станица

Schienen

шине

Zug

воз

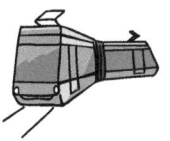

Straßenbahn

трамвај

Wagon

вагон

Helikopter

хеликоптер

Flughafen

аеродром

Tower

кула

Passagier

путник

Container

контејнер

Karton

картон

Karren

колица

Korb

корпа

starten / landen

узлетети / слетети

Stadt

град

Dorf

село

Stadtzentrum

центар града

Haus

кућа

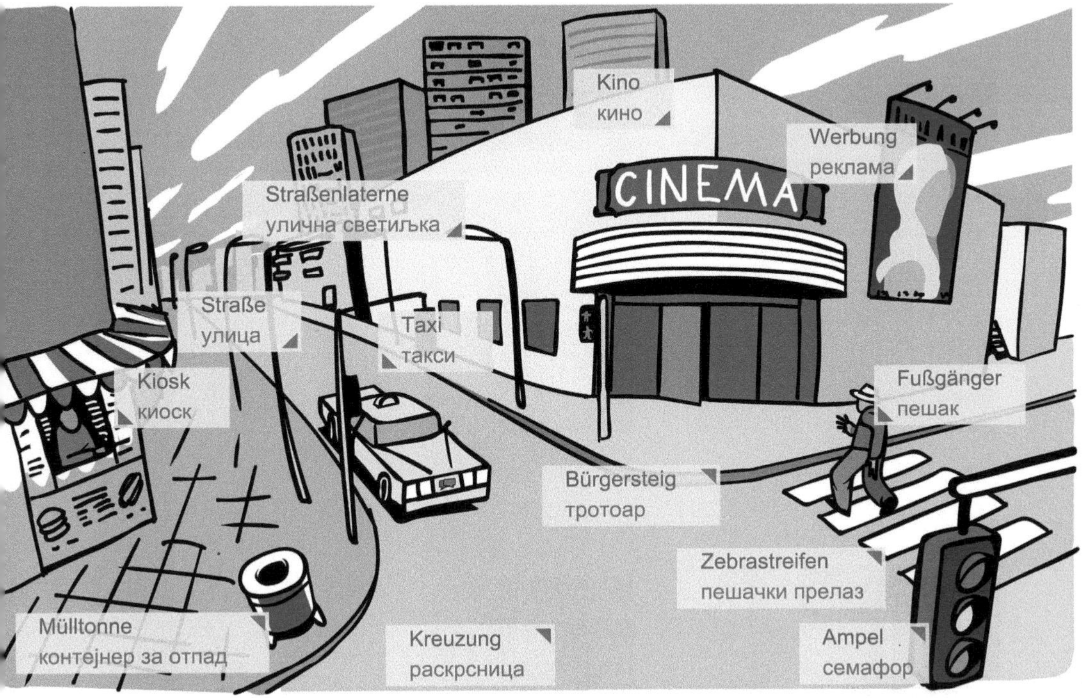

Kino
кино

Werbung
реклама

Straßenlaterne
улична светиљка

CINEMA

Straße
улица

Taxi
такси

Fußgänger
пешак

Kiosk
киоск

Bürgersteig
тротоар

Zebrastreifen
пешачки прелаз

Mülltonne
контејнер за отпад

Kreuzung
раскрсница

Ampel
семафор

Hütte

колиба

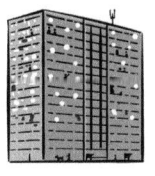

Wohnung

стан

Bahnhof

железничка станица

Rathaus

већница

Museum

музеј

Schule

школа

Universität

универзитет

Bank

банка

Krankenhaus

болница

Hotel

хотел

Apotheke

апотека

Büro

канцеларија

Buchhandlung

књижара

Geschäft

продавница

Blumenladen

цвећара

Supermarkt

супермаркет

Markt

трг

Kaufhaus

робна кућа

Fischhändler

рибарница

Einkaufszentrum

трговачки центар

Hafen

лука

Park

парк

Bank

клупа

Brücke

мост

Treppe

степенице

U-Bahn

подземна железница

Tunnel

тунел

Bushaltestelle

аутобуска станица

Bar

бар

Restaurant

ресторан

Briefkasten

поштанско сандуче

Straßenschild

улични знак

Parkuhr

паркирни аутомат

Zoo

зоолошки врт

Badeanstalt

базен

Moschee

џамија

Bauernhof

сеоско газдинство

Umweltverschmutzung

загађење околине

Friedhof

гробље

Kirche

црква

Spielplatz

игралиште

Tempel

храм

Landschaft
пејсаж

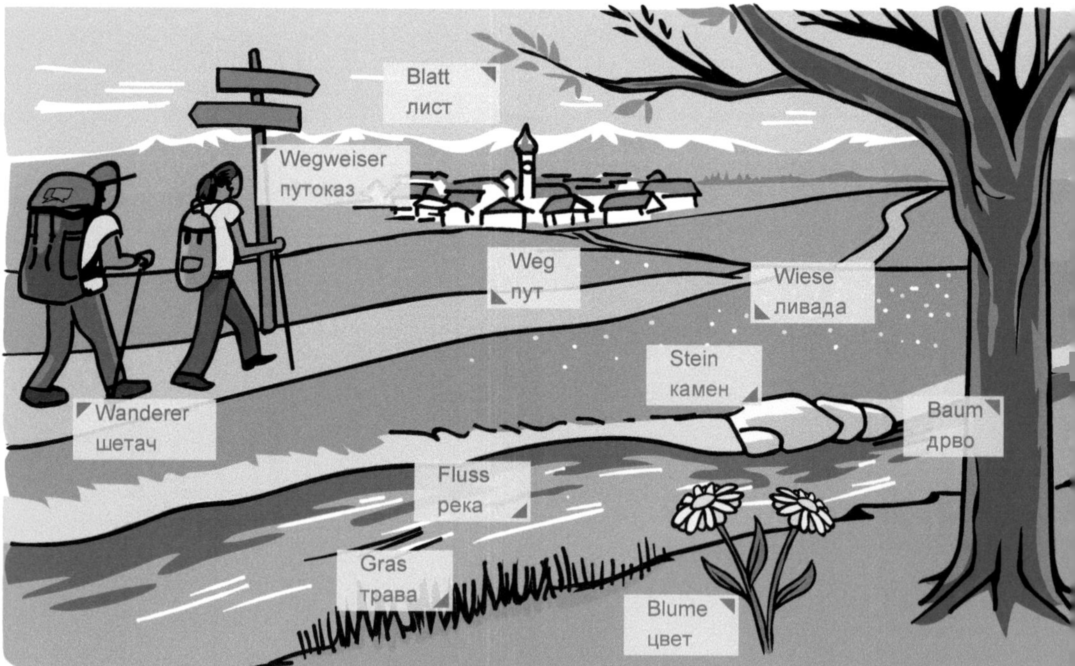

Blatt
лист

Wegweiser
путоказ

Weg
пут

Wiese
ливада

Stein
камен

Wanderer
шетач

Baum
дрво

Fluss
река

Gras
трава

Blume
цвет

Tal

долина

Berg

планина

See

језеро

Wald

шума

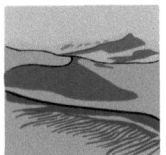

Wüste

пустиња

Vulkan

вулкан

Schloss

дворац

Regenbogen

дуга

Pilz

гљива

Palme

палма

Moskito

москито

Fliege

мува

Ameise

мрав

Biene

пчела

Spinne

паук

Käfer

буба

Frosch

жаба

Eichhörnchen

веверица

Igel

јеж

Hase

зец

Eule

сова

Vogel

птица

Schwan

лабуд

Wildschwein

дивља свиња

Hirsch

јелен

Elch

лос

Staudamm

насип

Windrad

ветрењача

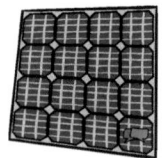

Solarmodul

соларна плоча

Klima

клима

Restaurant
ресторан

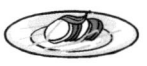

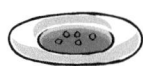

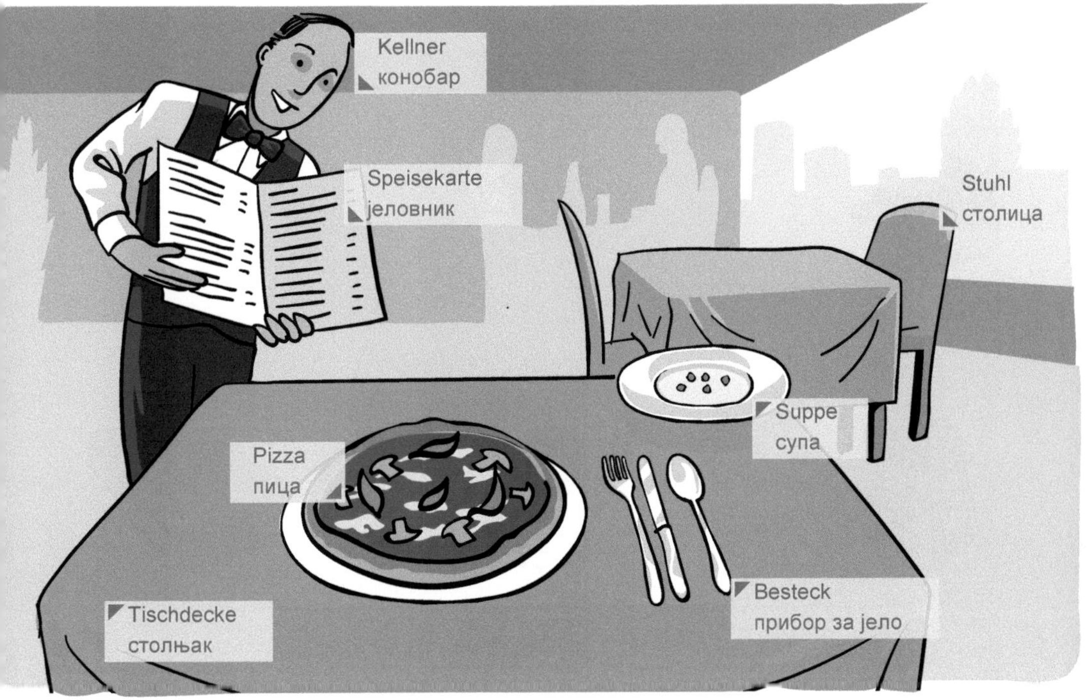
Kellner
конобар
Speisekarte
јеловник
Stuhl
столица
Suppe
супа
Pizza
пица
Besteck
прибор за јело
Tischdecke
столњак

Vorspeise
предјело

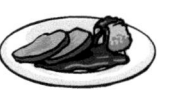

Hauptgericht
главно јело

Nachspeise
десерт

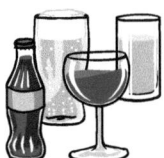

Getränke
напитци

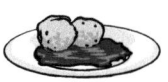

Essen
јело

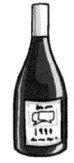

Flasche
флаша

Fastfood

брза храна

Streetfood

имбис храна

Teekanne

чајник

Zuckerdose

доза за шећер

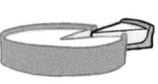

Portion

порција

Espressomaschine

апарат за еспресо

Hochstuhl

висока столица

Rechnung

рачун

Tablett

послужавник

Messer

нож

Gabel

виљушка

Löffel

кашика

Teelöffel

чајна кашика

Serviette

салвета

Glas

чаша

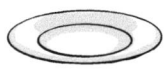

Teller

тањир

Suppenteller

тањир за супу

Untertasse

тањирић

Sauce

сос

Salzstreuer

сољенка

Pfeffermühle

млин за бибер

Essig

сирће

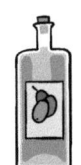

Öl

уље

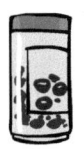 

Gewürze

зачини

Ketchup

кечап

Senf

сенф

Mayonnaise

мајонеза

Supermarkt

супермаркет

FOR
Angebot
понуда
Kunde
купац
Milchprodukte
млечни производи
Obst
воће
Einkaufswagen
колица за куповину

BUTCHERS

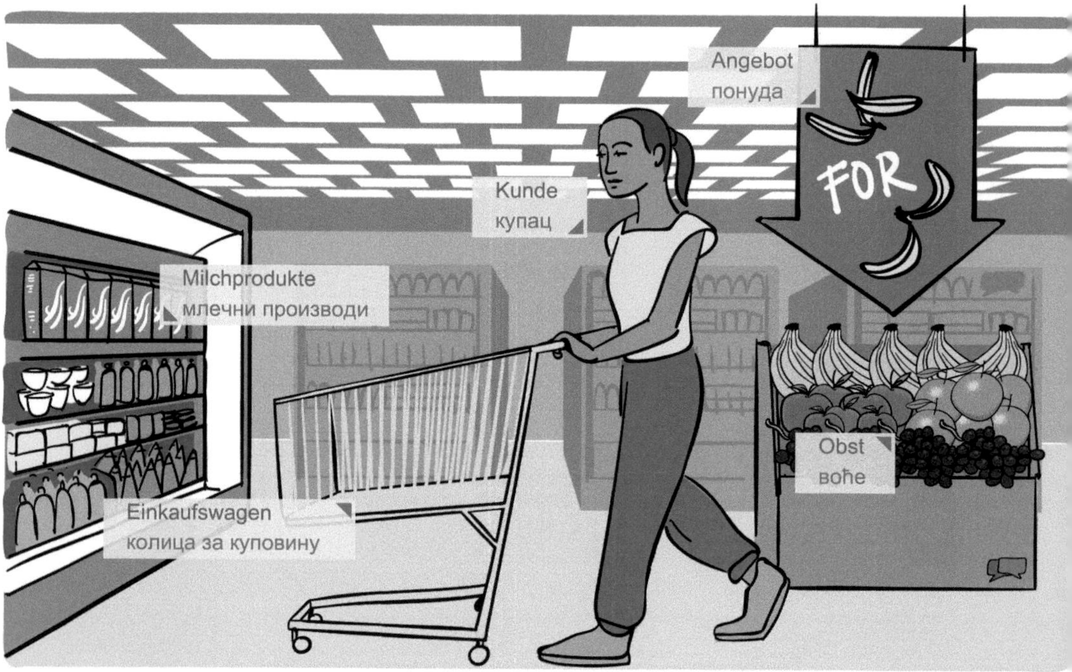

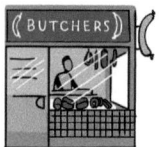

Schlachterei

месница

BAKERY

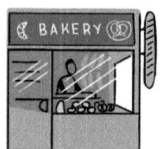

Bäckerei

пекара

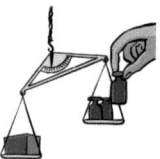

wiegen

вагати

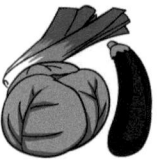

Gemüse

поврће

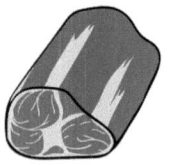

Fleisch

месо

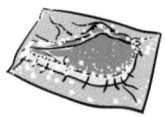

Tiefkühlkost

смрзнута храна

Aufschnitt

нарезак

Konserven

конзерве

Waschmittel

средство за прање

Süßigkeiten

слаткиши

Haushaltsartikel

артикли за домаћинство

Reinigungsmittel

средства за чишћење

Verkäuferin

продавачица

Kasse

благајна

Kassierer

благајник

Einkaufsliste

листа за куповину

Öffnungszeiten

време рада

Brieftasche

новчаник

Kreditkarte

кредитна картица

Tasche

торба

Plastiktüte

пластична кеса

Wasser

вода

Saft

сок

Milch

млеко

Cola

кола

Wein

вино

Bier

пиво

Alkohol

алкохол

Kakao

какао

Tee

чај

Kaffee

кава

Espresso

еспресо

Cappuccino

капуђино

Banane

банана

Apfel

јабука

Orange

наранџа

Melone

лубеница

Zitrone

лимун

Karotte

шаргарепа

Knoblauch

бели лук

Bambus

бамбус

Zwiebel

лук

Pilz

гљива

Nüsse

орашасти плодови

Nudeln

резанци

Spaghetti

шпагете

Reis

рижа

Salat

салата

Pommes frites

помфрит

Bratkartoffeln

печени крумпир

Pizza

пица

Hamburger

хамбургер

Sandwich

сендвич

Schnitzel

шницла

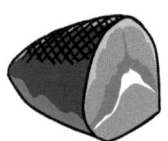

Schinken

шунка

Salami

салама

Wurst

кобасица

Huhn

кокош

Braten

печење

Fisch

риба

Haferflocken

зобене пахуљице

Müsli

мусли

Cornflakes

кукурузне пахуљице

Mehl

брашно

Croissant

кроасан

Brötchen

пециво

Brot

хлеб

Toast

тоаст

Kekse

кекси

Butter

маслац

Quark

свежи сир

Kuchen

колач

Ei

јаје

Spiegelei

јаје на око

Käse

сир

Eiscreme

сладолед

Zucker

шећер

Honig

мед

Marmelade

мармелада

Nougat-Creme

нугат крема

Curry

кари

Bauernhof

сеоско газдинство

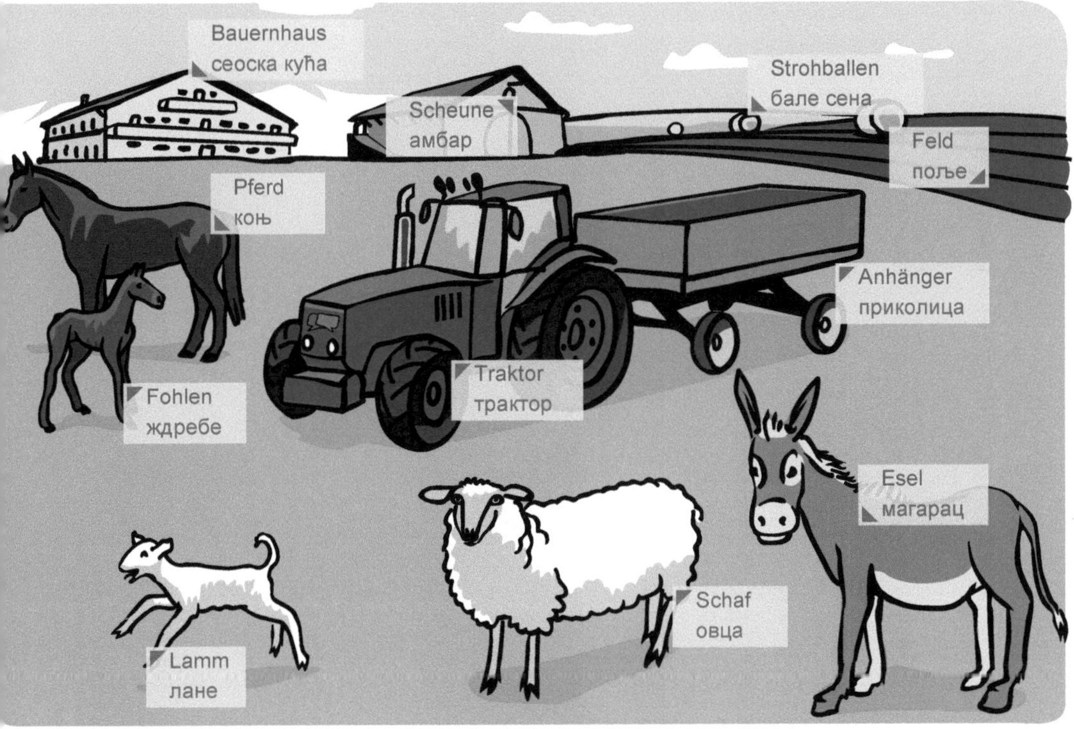
Bauernhaus
сеоска кућа
Scheune
амбар
Strohballen
бале сена
Feld
поље
Pferd
коњ
Anhänger
приколица
Traktor
трактор
Fohlen
ждребе
Esel
магарац
Schaf
овца
Lamm
лане

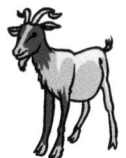

Ziege

коза

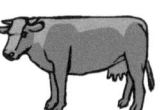

Kuh

крава

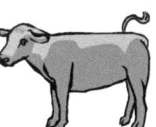

Kalb

теле

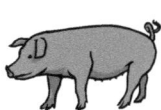

Schwein

свиња

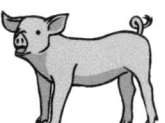

Ferkel

прасе

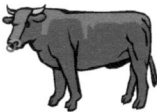

Bulle

бик

Gans

гуска

Ente

патка

Küken

пилићи

Huhn

кокош

Hahn

петао

Ratte

пацов

Katze

мачка

Maus

миш

Ochse

вол

Hund

пас

Hundehütte

кућица за пса

Gartenschlauch

вртно црево

Gießkanne

канта за поливање

Sense

коса

Pflug

плуг

Sichel

срп

Hacke

мотика

Mistgabel

виљушка за ђубриво

Axt

секира

Schubkarre

тачке

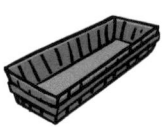

Trog

корито

Milchkanne

посуда за млеко

Sack

врећа

Zaun

ограда

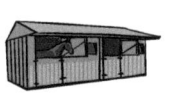

Stall

штала

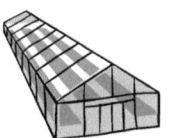

Treibhaus

стакленик

Boden

земља

Saat

семе

Dünger

ђубриво

Mähdrescher

комбајн

ernten

жети

Ernte

жетва

Yamswurzel

јамс зачин

Weizen

пшеница

Soja

соја

Kartoffel

крумпир

Mais

кукуруз

Raps

уљана репица

Obstbaum

воћка

Maniok

гомољ маниоке

Getreide

житарице

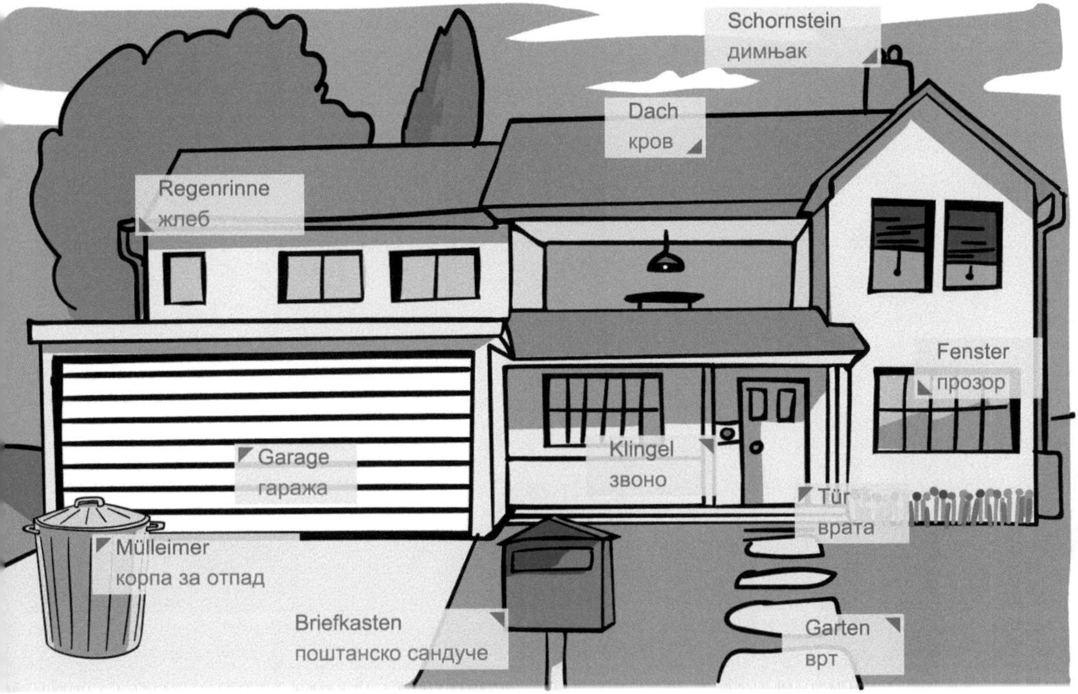

Schornstein
димњак

Dach
кров

Regenrinne
жлеб

Fenster
прозор

Garage
гаража

Klingel
звоно

Tür
врата

Mülleimer
корпа за отпад

Briefkasten
поштанско сандуче

Garten
врт

Wohnzimmer

дневна соба

Badezimmer

купаоница

Küche

кухиња

Schlafzimmer

спаваћа соба

Kinderzimmer

дечија соба

Esszimmer

трпезарија

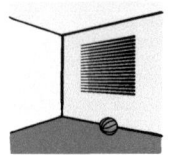

Boden

под

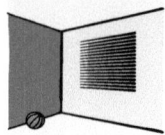

Wand

зид

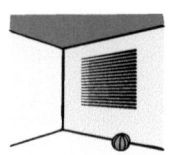

Decke

строп

Keller

подрум

Sauna

сауна

Balkon

балкон

Terrasse

тераса

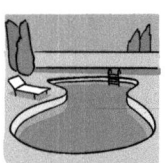

Schwimmbad

базен

Rasenmäher

косилица за траву

Bettbezug

постељина за кревет

Bettdecke

дека за кревет

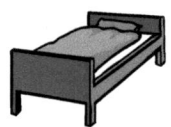

Bett

кревет

Besen

метла

Eimer

канта

Schalter

прекидач

Wohnzimmer
дневна соба

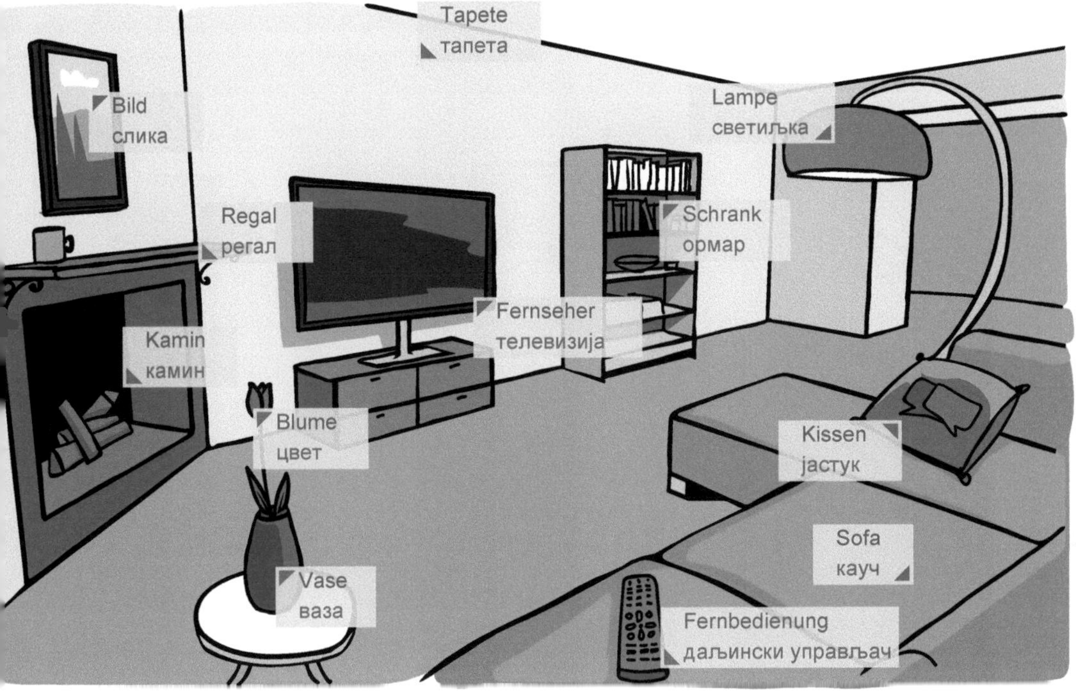

Tapete
тапета
Bild
слика
Lampe
светиљка
Regal
регал
Schrank
ормар
Fernseher
телевизија
Kamin
камин
Blume
цвет
Kissen
јастук
Sofa
кауч
Vase
ваза
Fernbedienung
даљински управљач

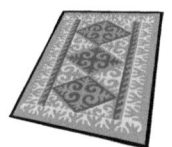

Teppich

тепих

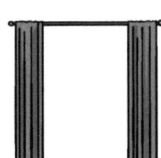

Vorhang

завеса

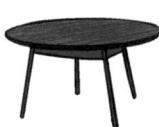

Tisch

сто

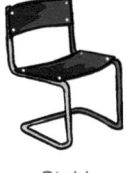

Stuhl

столица

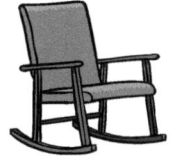

Schaukelstuhl

столица за њихање

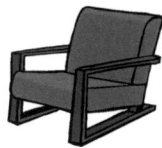

Sessel

фотеља

Buch

књига

Decke

дека

Dekoration

декорација

Feuerholz

дрво за огрев

Film

филм

Stereoanlage

хи-фи уређај

Schlüssel

кључ

Zeitung

новине

Gemälde

слика на платну

Poster

постер

Radio

радио

Notizblock

блок за писање

Staubsauger

усисивач

Kaktus

кактус

Kerze

свећа

Küche
кухиња

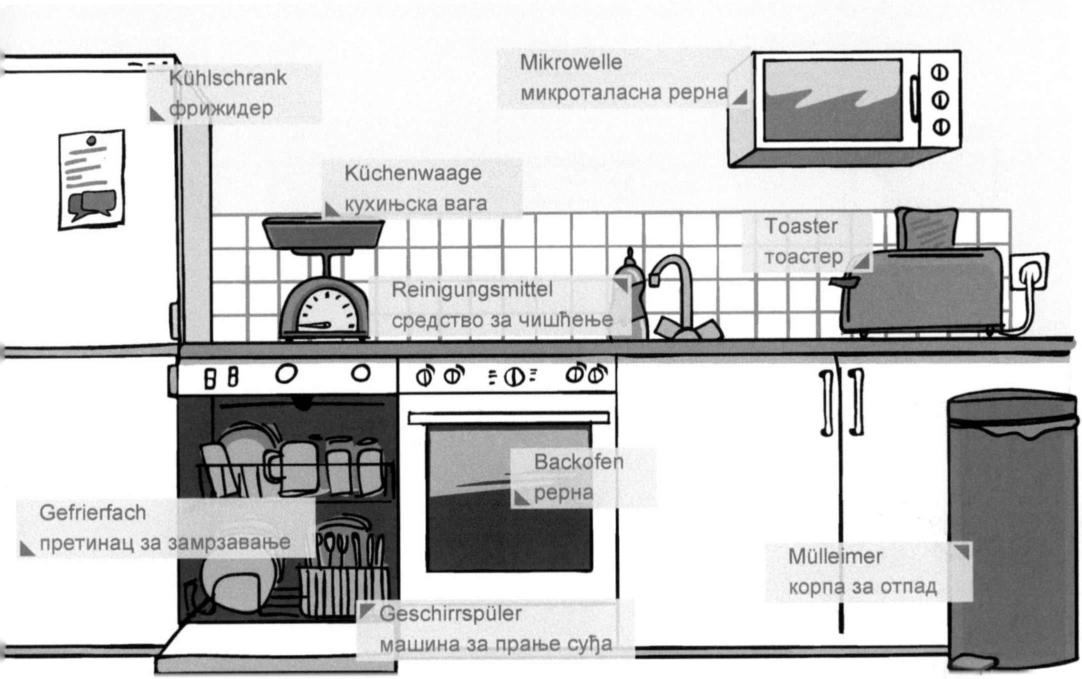

Mikrowelle
микроталасна рерна
Kühlschrank
фрижидер
Küchenwaage
кухињска вага
Toaster
тоастер
Reinigungsmittel
средство за чишћење
Backofen
рерна
Gefrierfach
претинац за замрзавање
Mülleimer
корпа за отпад
Geschirrspüler
машина за прање суђа

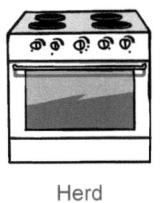

Herd
шпорет

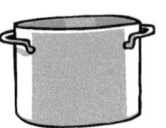

Topf
лонац

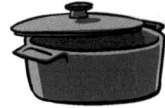

Eisentopf
гвоздени лонац

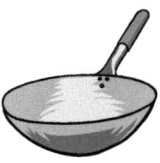

Wok / Kadai
вок / кадаи

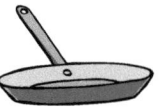

Pfanne
тава

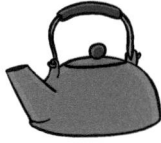

Wasserkocher
кувало за воду

Dampfgarer

кувало на пару

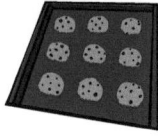

Backblech

лим за печење

Geschirr

посуђе

Becher

чаша

Schale

посуда

Essstäbchen

штапићи за јело

Suppenkelle

кутлача

Pfannenwender

лопатица

Schneebesen

пењача

Kochsieb

сито за кување

Sieb

сито

Reibe

рибеж

Mörser

мужар

Grill

роштиљ

Feuerstelle

огњиште

Schneidebrett

даска

Nudelholz

оклагија

Korkenzieher

вадичеп

Dose

конзерва

Dosenöffner

отварач конзерви

Topflappen

крпа за лонац

Waschbecken

судопер

Bürste

четка

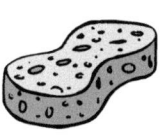

Schwamm

сунђер

Mixer

миксер

Gefriertruhe

замрзивач

Babyflasche

флашица за бебе

Wasserhahn

славина за воду

Badezimmer
купаоница

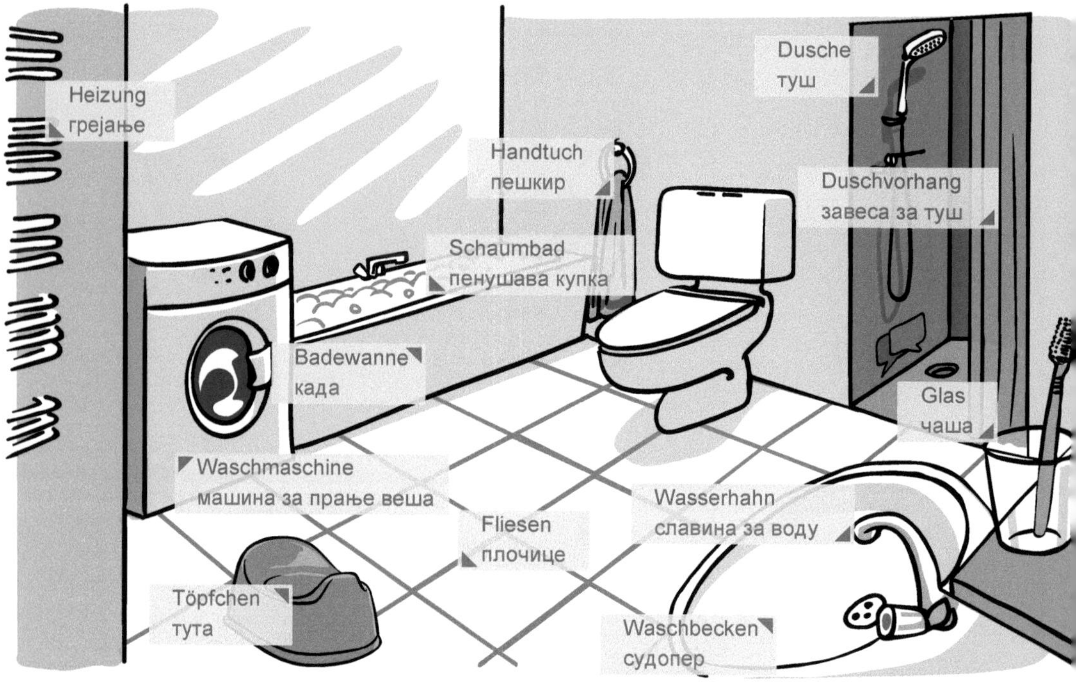

Heizung
грејање

Dusche
туш

Handtuch
пешкир

Duschvorhang
завеса за туш

Schaumbad
пенушава купка

Badewanne
када

Glas
чаша

Waschmaschine
машина за прање веша

Fliesen
плочице

Wasserhahn
славина за воду

Töpfchen
тута

Waschbecken
судопер

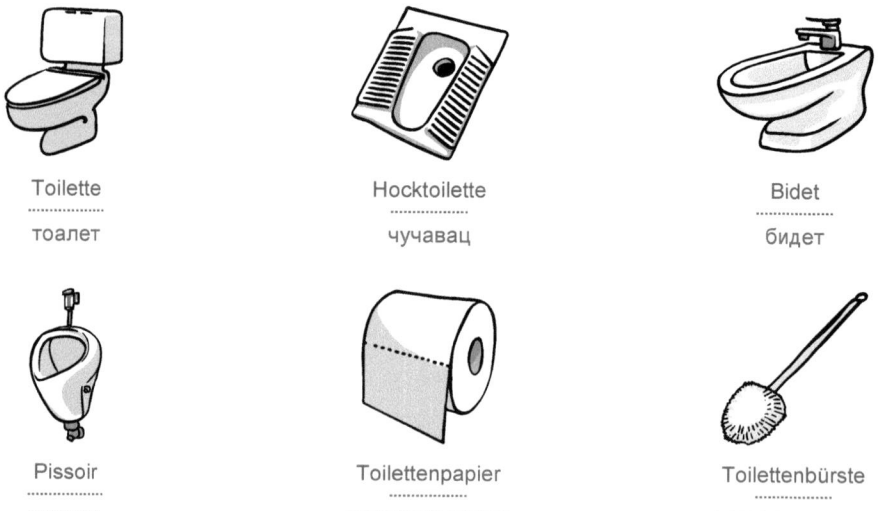

Toilette	Hocktoilette	Bidet
тоалет	чучавац	бидет
Pissoir	Toilettenpapier	Toilettenbürste
писоар	тоалетни папир	четка за тоалет

Zahnbürste

четкица за зубе

Zahnpasta

паста за зубе

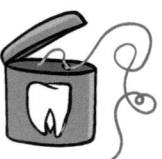

Zahnseide

конац за зубе

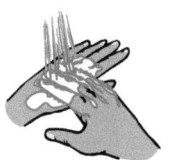

waschen

прати

Handbrause

туш ручица

Intimdusche

туш за прање интимних делова

Waschschüssel

лавор

Rückenbürste

четка за прање леђа

Seife

сапун

Duschgel

гел за туширање

Shampoo

шампон

Waschlappen

крпа за прање

Abfluss

одвод

Creme

крема

Deodorant

дезодоранс

Spiegel

огледало

Kosmetikspiegel

козметичко огледало

Rasierer

бријач

Rasierschaum

пена за бријање

Rasierwasser

лосион за после бријања

Kamm

чешаљ

Bürste

четка

Föhn

фен за косу

Haarspray

спреј за косу

Makeup

шминка

Lippenstift

руж за усне

Nagellack

лак за нокте

Watte

вата

Nagelschere

маказе за нокте

Parfum

парфем

Kulturbeutel

козметичка торбица

Hocker

столица

Waage

вага

Bademantel

огртач

Gummihandschuhe

рукавице за чишћење

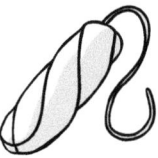

Tampon

тампон

Damenbinde

уложак

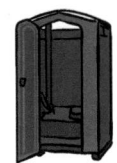

Chemietoilette

хемијски тоалет

Kinderzimmer

дечија соба

Wecker
будилник
Kuscheltier
плишана играчка
Spielzeugauto
ауто играчка
Rassel
звечка
Puppenhaus
кућица за лутке
Geschenk
поклон

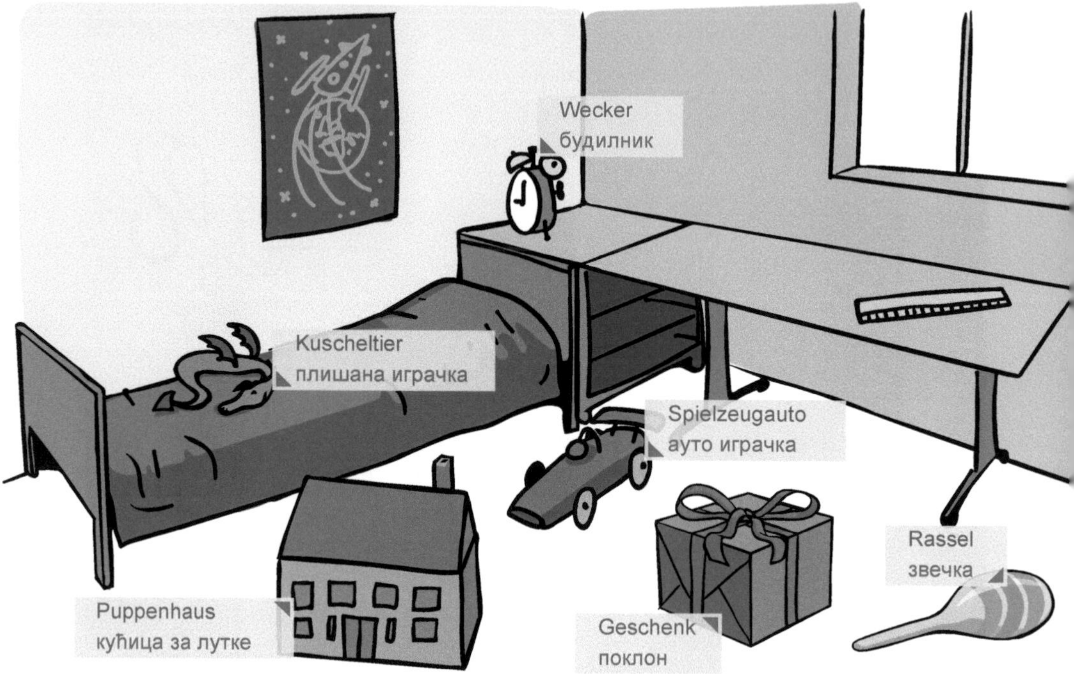

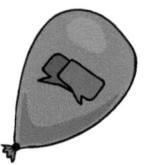

Ballon

балон

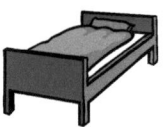

Bett

кревет

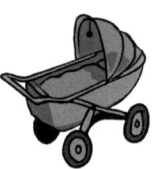

Kinderwagen

дječija колица

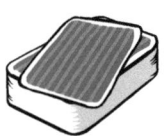

Kartenspiel

игра са картама

Puzzle

слагалица

SUPER MEGA

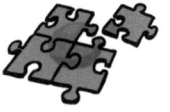

Comic

стрип

Legosteine

лего коцкице

Bausteine

коцкице за слагање

Action Figur

акциони јунак

Strampelanzug

бенкица за бебе

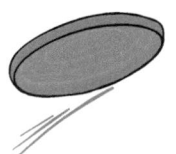

Frisbee

фризби

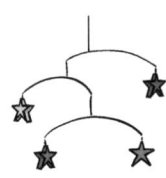

Mobile

висеће играчке

Brettspiel

друштвене игре

Würfel

коцка

Modelleisenbahn

минијатурна жељезница

Schnuller

дуда

Party

забава

Bilderbuch

сликовница

Ball

лопта

Puppe

лутка

spielen

играти

Sandkasten

пешчаник

Schaukel

љуљачка

Spielzeug

играчка

Spielkonsole

конзола за игре

Dreirad

трицикл

Teddy

теди

Kleiderschrank

ормар

Kleidung

одећа

Socken

кратке чарапе

Strümpfe

чарапе

Strumpfhose

хулахопке

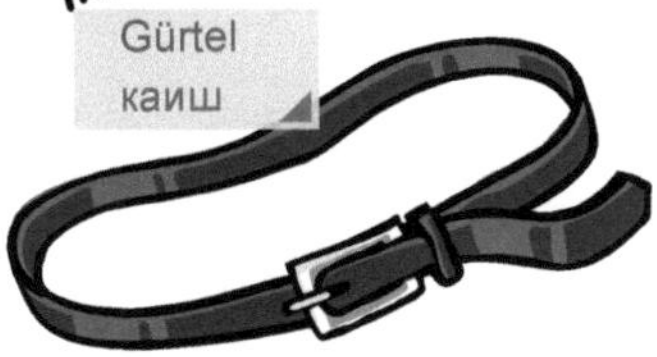

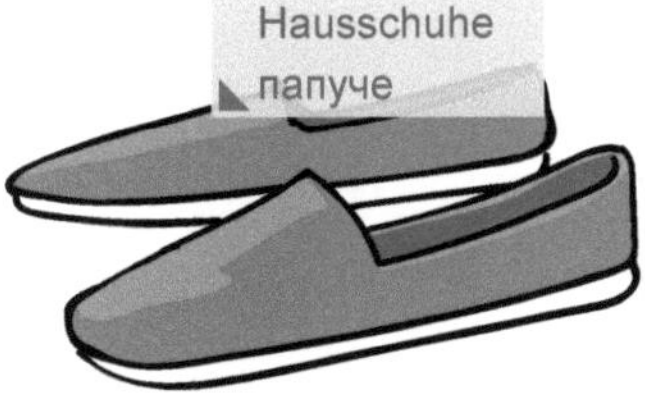

Schal
шал

Regenschirm
кишобран

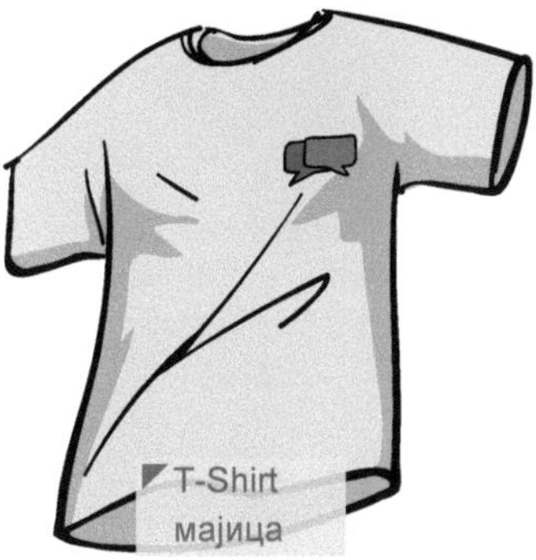

Gürtel
каиш

T-Shirt
мајица

Turnschuhe
патике

Stiefel
чизме

Hausschuhe
папуче

Sandalen
сандале

Schuhe
ципеле

Gummistiefel
гумене чизме

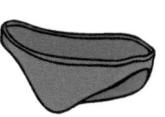

Unterhose
гаћице

Büstenhalter
грудњак

Unterhemd
поткошуља

Body

боди

Hose

панталоне

Jeans

фармерке

Rock

сукња

Bluse

блуза

Hemd

кошуља

Pullover

џемпер

Kapuzenpullover

џемпер с капуљачом

Blazer

сако

Jacke

јакна

Mantel

мантил

Regenmantel

кабаница

Kostüm

костим

Kleid

хаљина

Hochzeitskleid

венчаница

Anzug

одело

Nachthemd

спаваћица

Schlafanzug

пиџама

Sari

сари

Kopftuch

марама за главу

Turban

турбан

Burka

бурка

Kaftan

кафтан

Abaya

абаја

Badeanzug

купаћи костим

Badehose

купаће гаћице

Kurze Hose

кратке панталоне

Trainingsanzug

одећа за тренинг

Schürze

кецеља

Handschuhe

рукавице

Knopf

дугме

Brille

наочаре

Armband

наруквица

Halskette

огрлица

Ring

прстен

Ohrring

наушница

Mütze

капа

Kleiderbügel

вешалица

Hut

шешир

Krawatte

кравата

Reißverschluss

патент затварач

Helm

кацига

Hosenträger

нараменице

Schuluniform

школска униформа

Uniform

униформа

Lätzchen

подбрадак

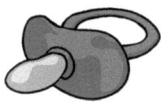

Schnuller

дуда

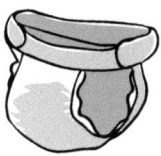

Windel

пелена

Büro

канцеларија

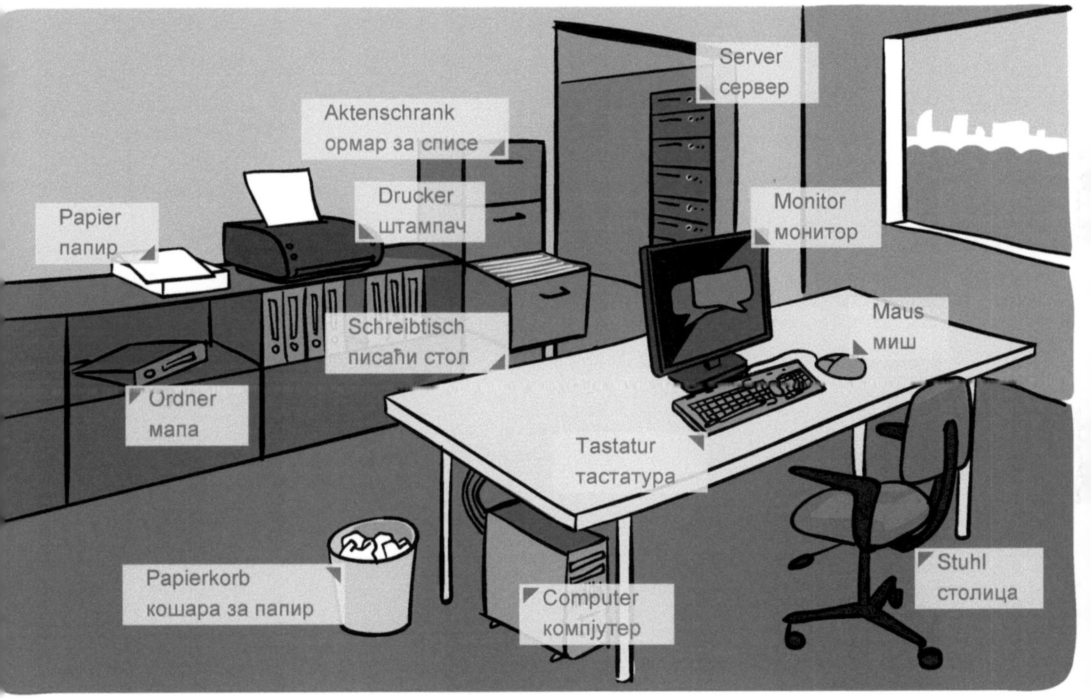

Server
сервер

Aktenschrank
ормар за списе

Drucker
штампач

Papier
папир

Monitor
монитор

Schreibtisch
писаћи сто

Maus
миш

Ordner
мапа

Tastatur
тастатура

Papierkorb
кошара за папир

Computer
компјутер

Stuhl
столица

Kaffeebecher

шалица за каву

Taschenrechner

калкулатор

Internet

интернет

Laptop

лаптоп

Brief

писмо

Nachricht

порука

Handy

мобилни телефон

Netzwerk

мрежа

Kopierer

уређај за копирање

Software

софтвер

Telefon

телефон

Steckdose

утичница

Fax

факс

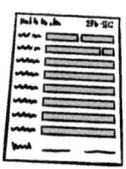

Formular

формулар

Dokument

документ

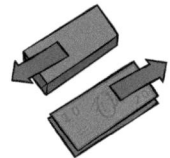

kaufen

куповати

bezahlen

платити

handeln

трговати

Geld

новац

Dollar

долар

Euro

евро

Yen

јен

Rubel

рубља

Franken

швајцарски франак

Renminbi Yuan

ренминдби јуан

Rupie

рупија

Geldautomat

аутомат за новац

Wechselstube

мењачница

Gold

злато

Silber

сребро

Öl

нафта

Energie

енергија

Preis

цена

Vertrag

уговор

Steuer

порез

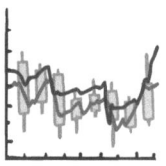

Aktie

деонице

arbeiten

радити

Angestellter

службеник

Arbeitgeber

послодавац

Fabrik

фабрика

Geschäft

продавница

Polizist
полицајац

Feuerwehrmann
ватрогасац

Koch
кувар

Arzt
лекар

Pilot
пилот

Gärtner

вртлар

Tischler

столар

Näherin

кројачица

Richter

судија

Chemiker

хемичар

Schauspieler

глумац

Busfahrer

возач аутобуса

Taxifahrer

возач таксија

Fischer

рибар

Putzfrau

чистачица

Dachdecker

кровопокривач

Kellner

конобар

Jäger

ловац

Maler

сликар

Bäcker

пекар

Elektriker

електричар

Bauarbeiter

грађевински радник

Ingenieur

инжењер

Schlachter

месар

Klempner

лимар

Postbote

поштар

Soldat

војник

Architekt

архитекта

Kassierer

благајник

Florist

цвећар

Friseur

фризер

Schaffner

кондуктер

Mechaniker

механичар

Kapitän

капетан

Zahnarzt

зубар

Wissenschaftler

научник

Rabbi

раби

Imam

имам

Mönch

монах

Geistlicher

свећеник

Werkzeuge

алати

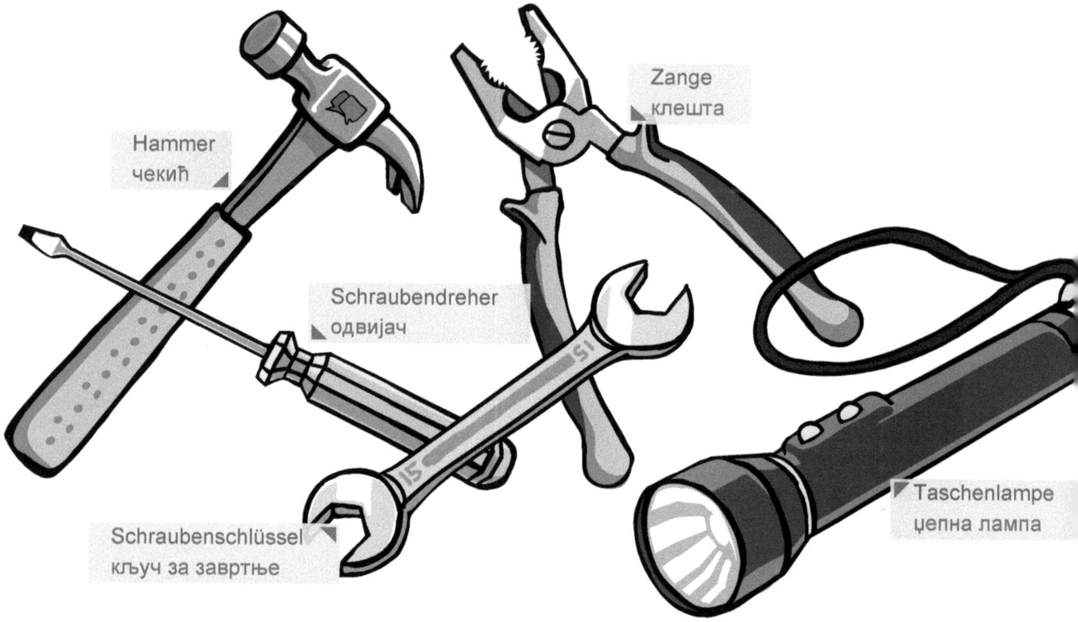
Zange
клешта
Hammer
чекић
Schraubendreher
одвијач
Taschenlampe
џепна лампа
Schraubenschlüssel
кључ за завртње

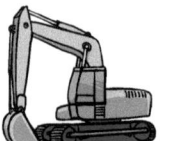

Bagger

багер

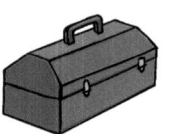

Werkzeugkasten

кутија за алат

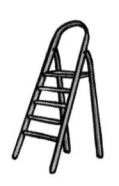

Leiter

мердевине

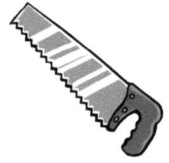

Säge

пила

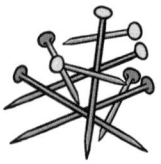

Nägel

ексер

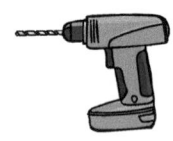

Bohrer

бушилица

reparieren

поправити

Schaufel

лопата

Mist!

до ђавола!

Kehrblech

лопатица

Farbtopf

лонац за боју

Schrauben

завртањи

Musikinstrumente
музички инструмент

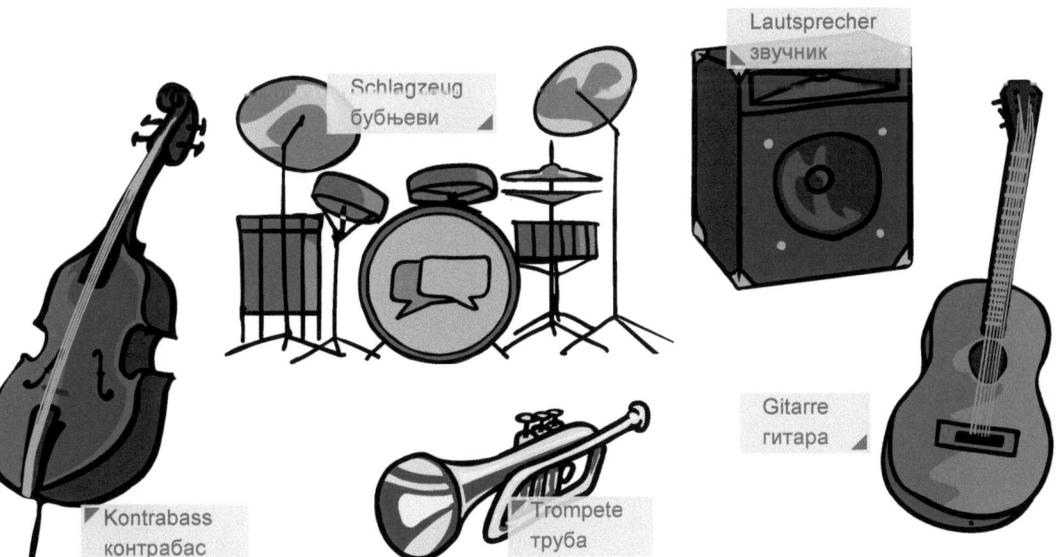

Schlagzeug
бубњеви

Lautsprecher
звучник

Gitarre
гитара

Kontrabass
контрабас

Trompete
труба

Klavier

клавир

Violine

виолина

Bass

бас

Pauke

тимпани

Trommeln

ударальке за бубњеве

Keyboard

типке клавира

Saxophon

саксофон

Flöte

флаута

Mikrofon

микрофон

Musikinstrumente - музички инструмент

Zoo

зоолошки врт

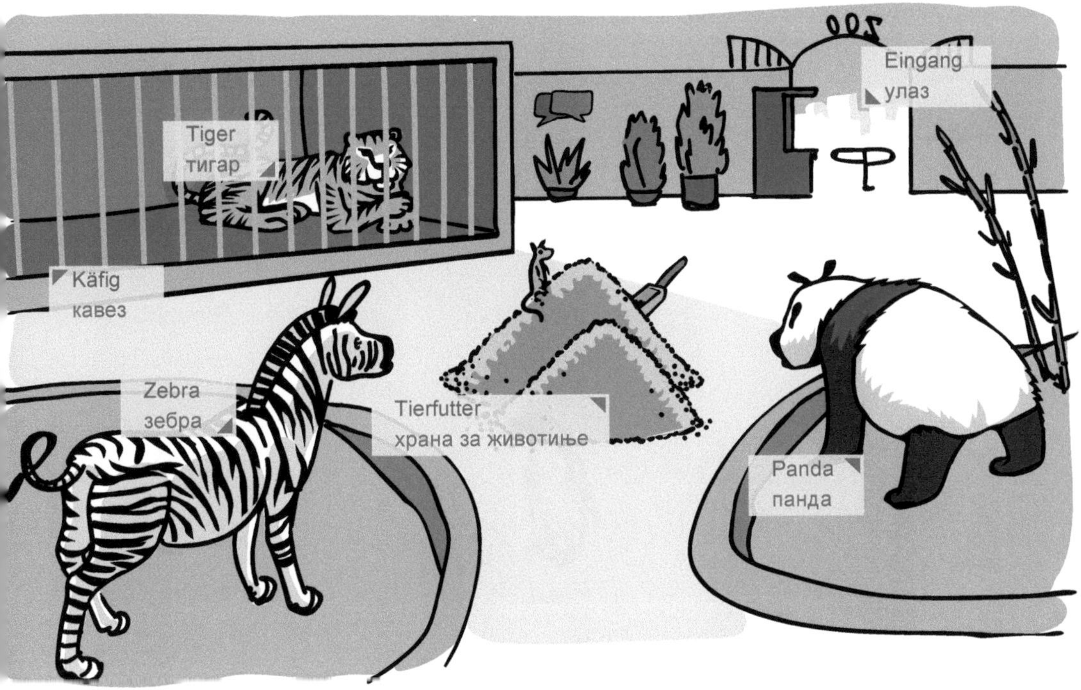

Eingang
улаз
Tiger
тигар
Käfig
кавез
Zebra
зебра
Tierfutter
храна за животиње
Panda
панда

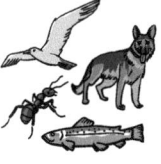

Tiere
животиње

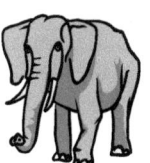

Elefant
слон

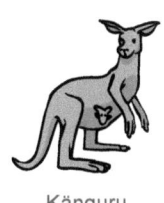

Känguru
кенгур

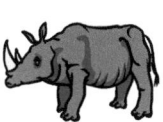

Nashorn
носорог

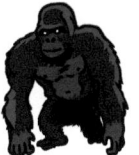

Gorilla
горила

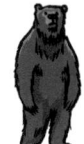

Bär
медвед

Kamel

камила

Strauß

нoj

Löwe

лав

Affe

мajмун

Flamingo

фламинго

Papagei

папагаj

Eisbär

поларни медвед

Pinguin

пингвин

Hai

аjкула

Pfau

паун

Schlange

змиja

Krokodil

крокодил

Zoowärter

чувар у зоолошком врту

Robbe

туљан

Jaguar

jaгуар

Pony

пони

Leopard

леопард

Nilpferd

нилски коњ

Giraffe

жирафа

Adler

орао

Wildschwein

дивља свиња

Fisch

риба

Schildkröte

корњача

Walross

морж

Fuchs

лисица

Gazelle

газела

Sport
спорт

American Football
амерички ногомет

Radfahren
бициклизам

Tennis
тенис

Basketball
кошарка

Schwimmen
пливање

Boxen
бокс

Eishockey
хокеј на леду

Fußball
фудбал

Badminton
бадминтон

Leichtathletik
атлетика

Handball
рукомет

Skilaufen
скијање

Polo
поло

springen
скочити

lachen
смејати се

umarmen
загрлити

gehen
ићи

singen
певати

träumen
сањати

beten
молити се

küssen
пољубити

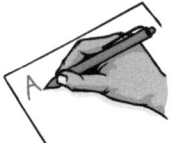

schreiben

писати

zeichnen

цртати

zeigen

показати

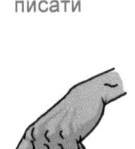

drücken

гурати

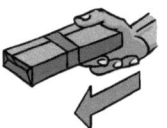

geben

дати

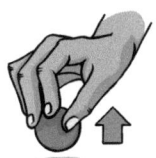

nehmen

узети

haben

имати

tun

чинити

sein

бити

stehen

стојати

laufen

трчати

ziehen

повлачити

werfen

бацити

fallen

падати

liegen

лежати

warten

чекати

tragen

носити

sitzen

седити

anziehen

облачити

schlafen

спавати

aufwachen

пробудити се

ansehen

гледати

weinen

плакати

streicheln

миловати

kämmen

чешљати

reden

говорити

verstehen

разумети

fragen

питати

hören

слушати

trinken

пити

essen

јести

aufräumen

поспремити

lieben

волети

kochen

кухати

fahren

возити

fliegen

летети

segeln

пловити

rechnen

рачунати

lesen

читати

lernen

учити

arbeiten

радити

heiraten

венчати се

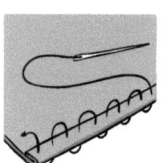

nähen

шити

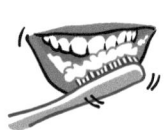

Zähne putzen

прати зубе

töten

убити

rauchen

пушити

senden

послати

Familie

породица

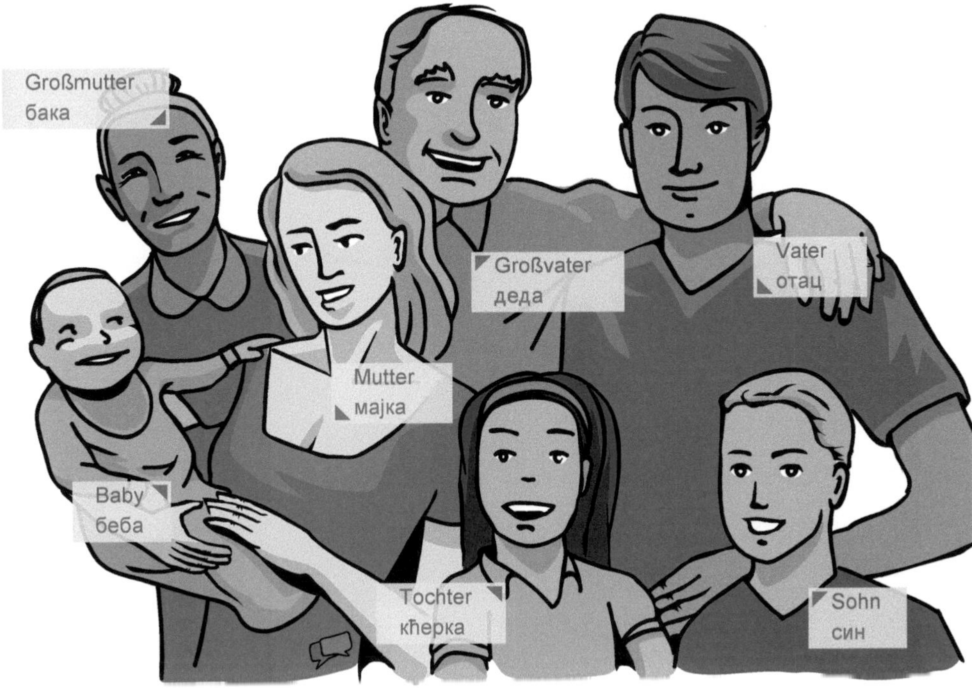
Großmutter
бака
Großvater
деда
Vater
отац
Mutter
мајка
Baby
беба
Tochter
кћерка
Sohn
син

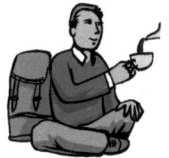

Gast

гост

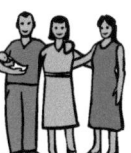

Tante

тетка

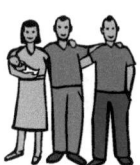

Onkel

ујак, стриц

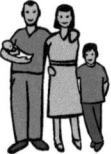

Bruder

брат

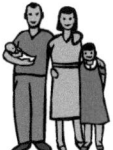

Schwester

сестра

Körper

тело

Stirn
чело
Auge
око
Schulter
раме
Finger
прст
Gesicht
лице
Kinn
брада
Hand
рука
Brust
груди
Bein
нога
Arm
рука

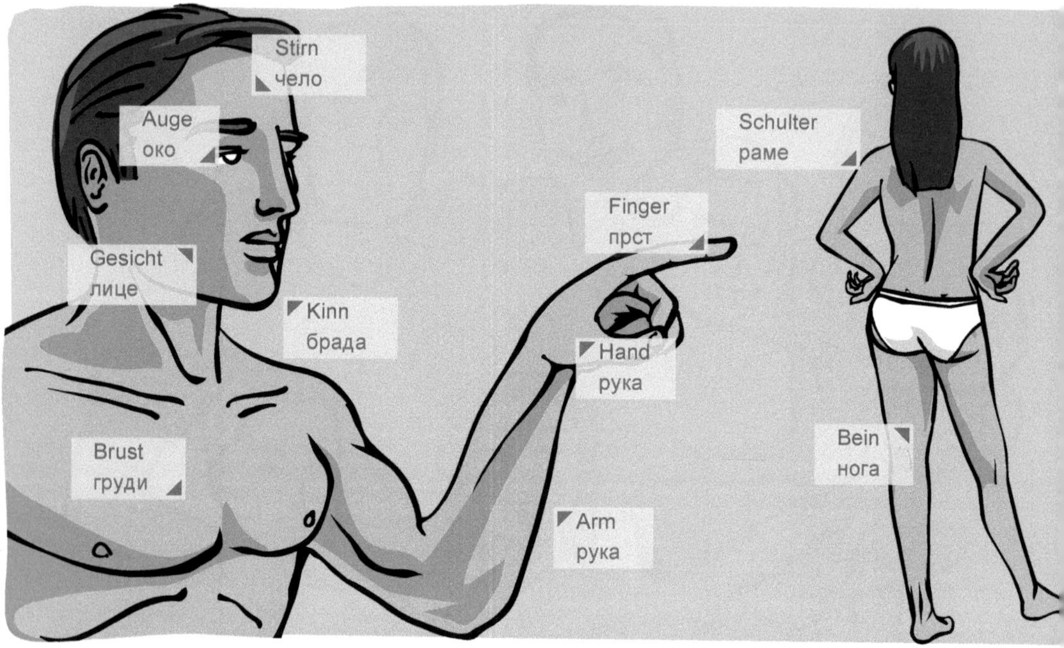

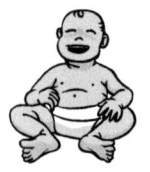

Baby

беба

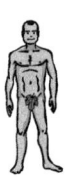

Mann

мушкарац

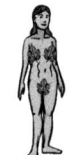

Frau

жена

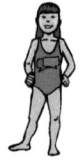

Mädchen

девојчица

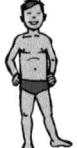

Junge

дечак

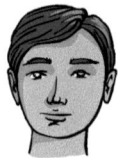

Kopf

глава

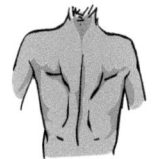

Rücken

лећа

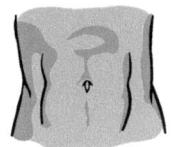

Bauch

стомак

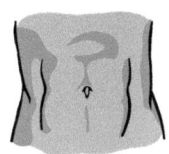

Nabel

пупак

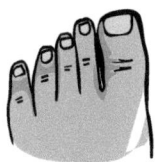

Zeh

ножни прст

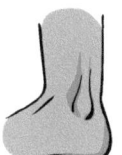

Ferse

пета

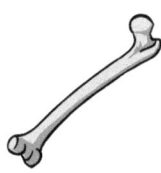

Knochen

кост

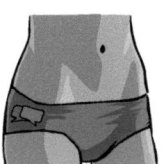

Hüfte

кукови

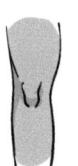

Knie

колено

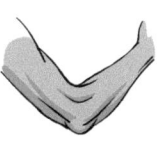

Ellenbogen

лакат

Nase

нос

Gesäß

задњица

Haut

кожа

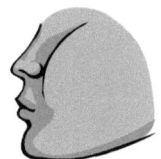

Wange

образ

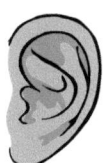

Ohr

уво

Lippe

усна

Körper - тело

Mund

уста

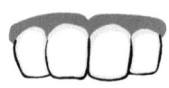

Zahn

зуб

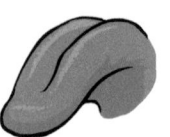

Zunge

језик

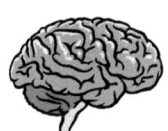

Gehirn

мозак

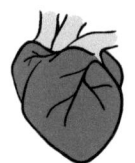

Herz

срце

Muskel

мишић

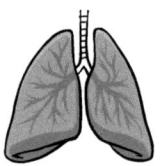

Lunge

плућа

Leber

јетра

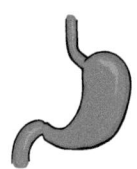

Magen

желудац

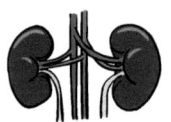

Nieren

бубрези

Geschlechtsverkehr

полни однос

Kondom

кондом

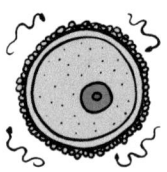

Eizelle

јајна ћелија

Sperma

сперма

Schwangerschaft

трудноћа

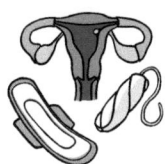

Menstruation

менструација

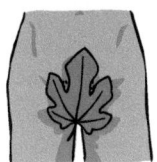

Vagina

вагина

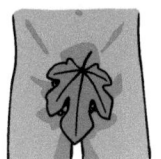

Penis

пенис

Augenbraue

обрва

Haar

коса

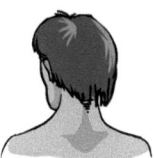

Hals

врат

Krankenhaus
болница

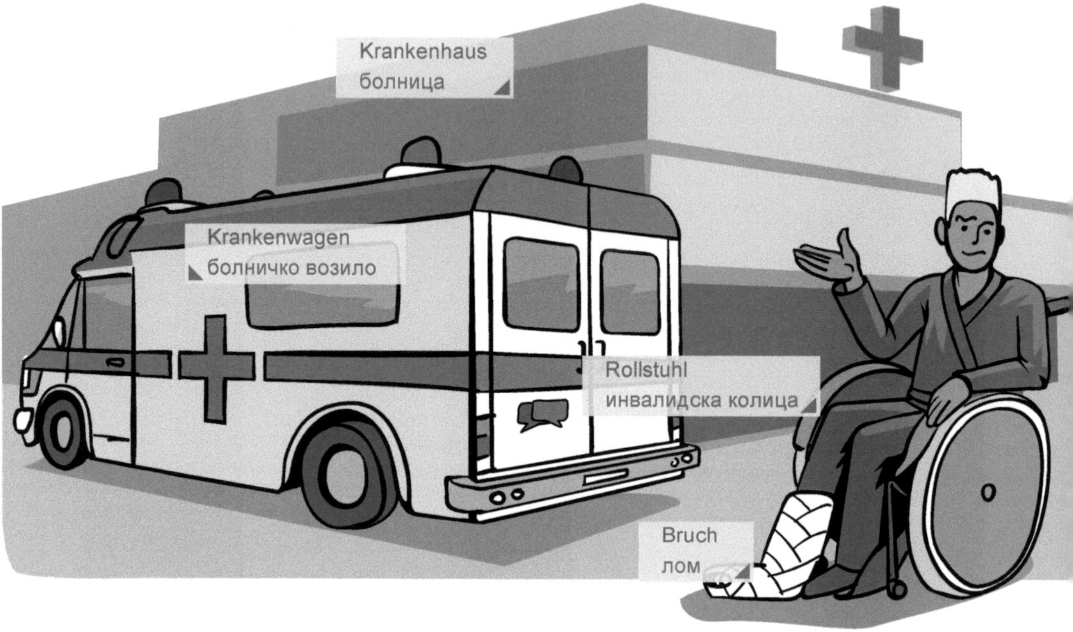

Krankenhaus
болница

Krankenwagen
болничко возило

Rollstuhl
инвалидска колица

Bruch
лом

Arzt

лекар

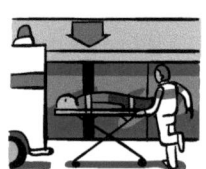

Notaufnahme

хитна медицинска служба

Krankenschwester

медицинска сестра

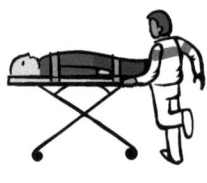

Notfall

хитни случај

ohnmächtig

несвест

Schmerz

бол

Verletzung

повреда

Blutung

крварење

Herzinfarkt

срчани удар

Schlaganfall

удар

Allergie

алергија

Husten

кашаљ

Fieber

грозница

Grippe

грипа

Durchfall

пролив

Kopfschmerzen

главобоља

Krebs

рак

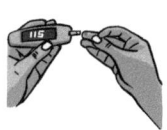

Diabetis

дијабетес

Chirurg

хирург

Skalpell

скалпел

Operation

операција

CT

цт

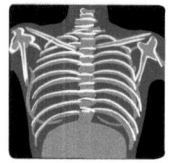

Röntgen

рентген

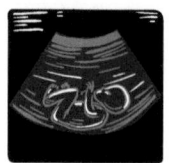

Ultraschall

ултразвук

Maske

маска

Krankheit

болест

Wartezimmer

чекаона

Krücke

штака

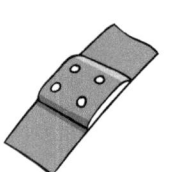

Pflaster

фластер

Verband

завој

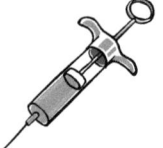

Injektion

инјекција

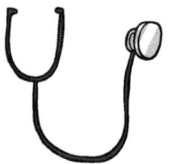

Stethoskop

стетоскоп

Trage

носила

Thermometer

термометар

Geburt

рођење

Übergewicht

прекомерна тежина

Hörgerät

слушни апарат

Desinfektionsmittel

средство за дезинфекцију

Infektion

инфекција

Virus

вирус

HIV / AIDS

хив / аидс

Medizin

медицина

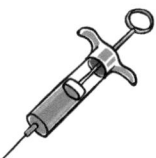

Impfung

вакцинација

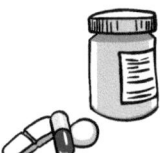

Tabletten

таблете

Pille

пилула

Notruf

хитни позив

Blutdruck-Messgerät

уређај за мерење
притиска

krank / gesund

болесно / здраво

Hilfe!

помоћ!

Alarm

аларм

Überfall

насртај

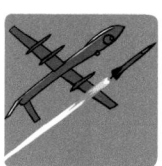

Angriff

напад

Gefahr

опасност

Notausgang

излаз у случају нужде

Feuer!

пожар!

Feuerlöscher

противпожарни апарат

Unfall

незгоца

Erste-Hilfe-Koffer

кутија прве помоћи

SOS

сос

Polizei

полиција

Europa

Европа

Nordamerika

Северна Америка

Südamerika

Јужна Америка

Afrika

Африка

Asien

Азија

Australien

Аустралија

Atlantik

Атлантик

Pazifik

Пацифик

Indischer Ozean

Индијски океан

Antarktischer Ozean

Антарктички океан

Arktischer Ozean

Арктички океан

Nordpol

Северни рол

Südpol

Јужни рол

Antarktis

Антарктик

Erde

земља

Land

земља

Meer

море

Insel

оток

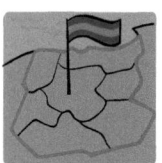

Nation

нација

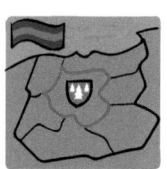

Staat

држава

Zifferblatt

бројчаник сата

Stundenzeiger

сатна казаљка

Minutenzeiger

минутна казаљка

Sekundenzeiger

секундна казаљка

Wie spät ist es?

Колико је сати?

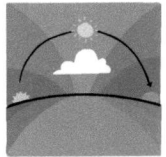

Tag

дан

Zeit

време

jetzt

сада

Digitaluhr

дигитални сат

Minute

минута

Stunde

час

Woche

седмица

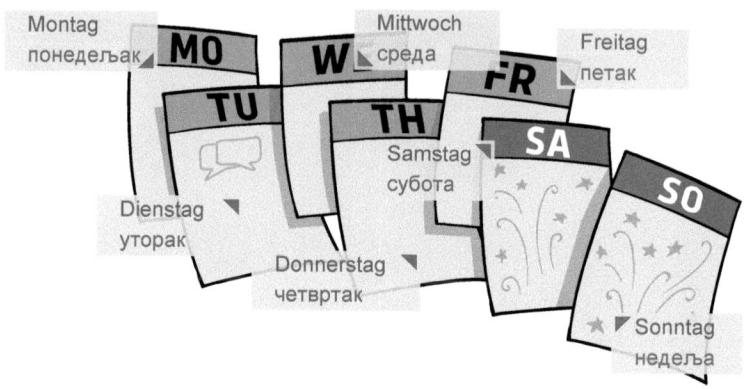

Montag
понедељак

Mittwoch
среда

Freitag
петак

Dienstag
уторак

Donnerstag
четвртак

Samstag
субота

Sonntag
недеља

gestern

јуче

heute

данас

morgen

сутра

Morgen

јутро

Mittag

подне

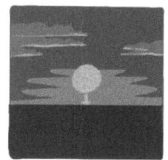

Abend

вече

MO	TU	WE	TH	FR	SA	SU
1	2	3	4	5	6	7
8	9	10	11	12	13	14
15	16	17	18	19	20	21
22	23	24	25	26	27	28
29	30	31	1	2	3	4

Arbeitstage

радни дани

MO	TU	WE	TH	FR	SA	SU
1	2	3	4	5	6	7
8	9	10	11	12	13	14
15	16	17	18	19	20	21
22	23	24	25	26	27	28
29	30	31	1	2	3	4

Wochenende

викенд

Jahr

година

Regen
киша
Regenbogen
дуга
Wind
ветар
Schnee
снег
Frühling
пролеће
Herbst
јесен
Sommer
лето
Winter
зима

4.APRIL 11°
5.APRIL 4°
6.APRIL 13°
7.APRIL 8°
8.APRIL 10°

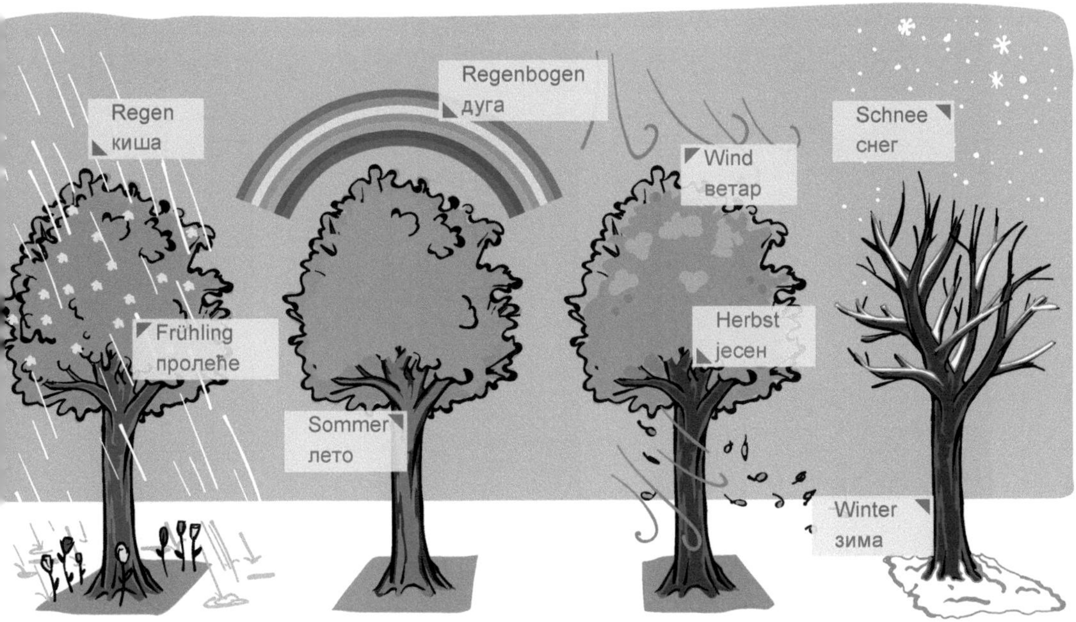

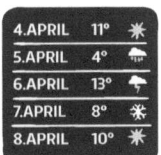

Wettervorhersage

метеоролошка прогноза

F C
120 40
90 30
60 20
30 10
0 0
-30 -10
-20

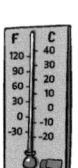

Thermometer

термометар

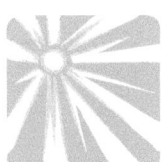

Sonnenschein

сунчана светлост

Wolke

облак

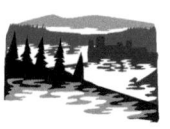

Nebel

магла

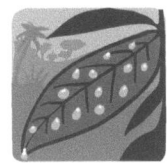

Luftfeuchtigkeit

влажност ваздуха

Blitz
....
муња

Donner
....
грмљавина

Sturm
....
олуја

Hagel
....
туча

Monsun
....
монсун

Flut
....
поплава

Eis
....
лед

Januar
....
јануар

Februar
....
фебруар

März
....
март

April
....
април

Mai
....
мај

Juni
....
јуни

Juli
....
јули

August
....
август

Jahr - година

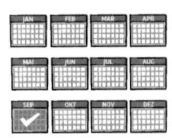

September
....
септембар

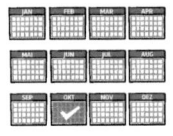

Oktober
....
октобар

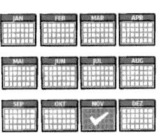

November
....
новембар

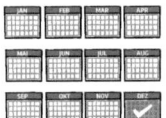

Dezember
....
децембар

Formen

облици

Kreis
....
круг

Quadrat
....
квадрат

Rechteck
....
правоугао

Dreieck
....
троугао

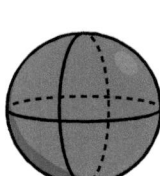

Kugel
....
кугла

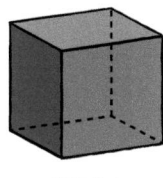

Würfel
....
коцка

Farben
боје

weiß
....
бела

gelb
....
жута

orange
....
наранцаста

pink
....
ружичаста

rot
....
црвена

lila
....
љубичаста

blau
....
плава

grün
....
зелена

braun
....
смеђа

grau
....
сива

schwarz
....
црна

viel / wenig

много / мало

wütend / friedlich

љутито / мирно

hübsch / hässlich

лепо / ружно

Anfang / Ende

почетак / крај

groß / klein

велико / малено

hell / dunkel

светло / тамно

Bruder / Schwester

брат / сестра

sauber / schmutzig

чисто / прљаво

vollständig / unvollständig

потпуно / непотпуно

Tag / Nacht

дан / ноћ

tot / lebendig

мртво / живо

breit / schmal

широко / уско

geniеßbar / ungenießbar

jестиво / нejестиво

böse / freundlich

зло / добро

aufgeregt / gelangweilt

узбуђено / досадно

dick / dünn

дебело / мршаво

zuerst / zuletzt

на почетку / на крају

Freund / Feind

пријатељ / непријатељ

voll / leer

пуно / празно

hart / weich

тврдо / мекано

schwer / leicht

тешко / лагано

Hunger / Durst

глад / жеђ

krank / gesund

болесно / здраво

illegal / legal

илегално / легално

intelligent / dumm

паметно / глупо

links / rechts

лево / десно

nah / fern

близу / далеко

neu / gebraucht

ново / половно

nichts / etwas

ништа / нешто

an / aus

укључено / искључено

offen / geschlossen

отворено / затворено

leise / laut

тихо / гласно

reich / arm

богато / сиромашно

richtig / falsch

тачно / погрешно

rau / glatt

храпаво / глатко

traurig / glücklich

тужно / сретно

kurz / lang

кратко / дуго

langsam / schnell

полако / брзо

nass / trocken

мокро / сухо

warm / kühl

топло / хладно

Krieg / Frieden

рат / мир

Gegenteile - супротности

0

null

нула

1

eins

један

2

zwei

два

3

drei

три

4

vier

четири

5

fünf

пет

6

sechs

шест

7

sieben

седам

8

acht

осам

9

neun

девет

10

zehn

десет

11

elf

једанаест

12

zwölf

дванаест

13

dreizehn

тринаест

14

vierzehn

четрнаест

15

fünfzehn

петнаест

16

sechzehn

шестнаест

17

siebzehn

седамнаест

18

achtzehn

осамнаест

19

neunzehn

деветнаест

20

zwanzig

двадесет

100

hundert

стотину

1.000

tausend

хиљаду

1.000.000

million

милион

Englisch

енглески

Amerikanisches Englisch

амерички енглески

Chinesisch Mandarin

мандарински кинески

Hindi

хиндски

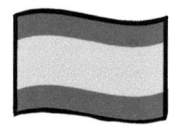

Spanisch

шпански

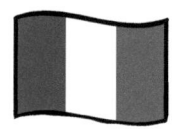

Französisch

француски

Arabisch

арапски

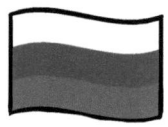

Russisch

руски

Portugiesisch

португалски

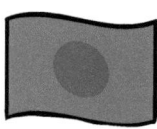

Bengalisch

бенгалски

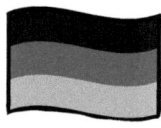

Deutsch

немачки

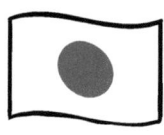

Japanisch

јапански

ich
ја

du
ти

er / sie / es
он / она / оно

wir
ми

ihr
ви

sie
они

wer?
Ко?

was?
Шта?

wie?
Како?

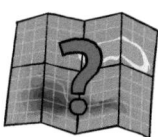

wo?
Где?

wann?
Када?

Name
име

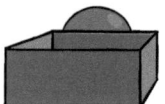

hinter

иза

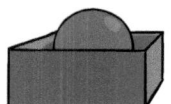

in

у

vor

испред

über

преко

auf

на

unter

испод

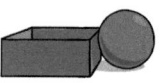

neben

поред

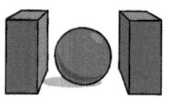

zwischen

између

Ort

место